CREER PARA CREAR
Con la felicidad como base...

David Cantera

Todos los derechos reservados.
Ninguna parte de esta publicación" Creer para crear" puede ser reproducida, almacenada o transmitida en ninguna forma o por ningún medio, ya sea electrónico, mecánico, fotocopia, grabación o cualquier otro, sin el permiso previo por escrito del titular de los derechos de autor David Cantera
Los Angeles, CA 2024
ISBN: 9798324752743

"La verdadera felicidad no es algo que se encuentre fuera de nosotros, sino que viene del interior."
Thich Nhat Hanh

Índice

Dedicatoria	7
Agradecimiento	9
Acerca del autor	11
Prefacio	13
Prólogo	15
1. La conciencia interior	17
2. El espejismo tecnológico	25
3. La felicidad plena	33
4. El camino a la felicidad	39
5. El manual práctico de la felicidad	47
6. Transformando nuestra mente	61
7. Los detonantes emocionales	71
8. Empoderados para triunfar	77
9. Ciencia y espiritual	87
10. ¿Es suerte o elección?	97
11. Los secretos de la felicidad	105
12. Lecciones de la felicidad	117
Epílogo	123

Dedicatoria

Para mis queridos hijos, que son mi inspiración y mi mayor alegría.

Con amor eterno, este libro es para ustedes, David, Víctor, Lupita, Kevin y Natalia.

Agradecimientos

A mis amigos, quienes con su apoyo, conversaciones y cariño han sido la chispa que encendió mi pasión por escribir este libro.
Su inspiración ha sido invaluable.
¡Mil gracias!

Acerca del autor

David Cantera

David Cantera creció en un hogar con cinco hermanos, lo que seguramente le enseñó valores de unión y camaradería y la importancia de la solidaridad.

Con el tiempo, formó su propia familia y es padre de cinco hijos: David, Víctor, Lupita, Kevin y Natalia.

Actualmente, reside en Texas, donde combina su vida de escritor con sus pasiones personales.

Le encanta jugar básquetbol y practicar boxeo, actividades que le permiten mantenerse activo y en forma.

Además, corre todos los días, lo que muestra su disciplina y compromiso con el bienestar físico.

En cuanto a sus pasatiempos, David Cantera disfruta viendo películas y, por supuesto, leyendo.

Entre sus autores favoritos y a los que más admira se encuentran León Tolstoy, Miguel de

Cervantes, Fyodor Dostoevsky, Frans Kafka, Gabriel García Marqués

Desde que era un niño de seis años, desarrolló una pasión por la lectura, devorando todos los libros que encontraba a su paso.

Esta pasión por la literatura fue reforzada por un profesor de secundaria llamado Bernabé, quien además de enseñar, ocupaba el cargo de director en la escuela.

El profesor Bernabé fue una figura clave en la vida de Cantera, motivándolo a seguir adelante y a perseguir sus sueños de convertirse en escritor.

El autor de "Creer para crear", después de haber servido en la carrera militar que abarcó dos décadas de su vida, también formó parte de la Guardia Nacional de México, hoy ha dedicado una parte sustancial de su vida a observar y reflexionar sobre el comportamiento humano.

Sus experiencias tanto en la vida militar como en la civil le brindaron una perspectiva única sobre las complejidades de la naturaleza humana y la búsqueda de bienestar.

A través de la meditación y la introspección, David se ha enfocado en explorar cómo cada individuo puede descubrir y cultivar su propia felicidad desde su interior.

Con una vida tan rica en experiencias y pasiones, no es de extrañar que David Cantera haya logrado cumplir su sueño y publicar su primer libro "Creer para Crear".

Prefacio

En el misterioso teatro de nuestro ser, todo comienza en el silencioso escenario de nuestro interior.

Allí, somos los directores de nuestros pensamientos y por eso debemos aprender a organizarlos con la misma alegría y curiosidad que nos embargaba en la infancia.

Mantenernos curiosos, atentos y, sobre todo, llenos de felicidad es esencial en este viaje de autodescubrimiento.

No debemos olvidar que la posibilidad de vivir en un estado de felicidad permanente no es un sueño inalcanzable.

Existe un delicado estado de felicidad absoluta, un manantial de alegría efervescente que fluye de forma natural en el corazón de cada ser humano.

El estado de serenidad y plenitud con el que me reencontré hace ya algunos años es un regalo que deseo compartir con ustedes.

Mi esperanza es que les ayude a reconocer que dentro de cada uno de nosotros reside esa felicidad absoluta y eterna, así como la capacidad innata para nutrirla y hacerla florecer.

Prólogo

En "Creer para crear", David Cantera nos brinda una perspectiva única y profundamente personal sobre la búsqueda de la felicidad.

Su voz resuena con la autoridad de alguien que ha enfrentado los desafíos más rigurosos que la vida puede ofrecer, una carrera militar de dos décadas.

Esta experiencia le ha otorgado una visión inigualable sobre la resiliencia, el propósito y el significado de la vida.

El recorrido de Cantera nos lleva más allá de las trincheras y los campos de batalla, adentrándonos en el corazón humano.

Nos muestra cómo la creencia en uno mismo es la chispa que enciende el fuego de la creación y cómo la fe en nuestros sueños puede transformar nuestra realidad.

A través de sus vivencias, nos invita a reflexionar sobre nuestros propios obstáculos y encontrar la fuerza para superarlos.

Este libro es más que un relato autobiográfico; es un manual para aquellos que buscan entender el verdadero significado de la felicidad y cómo alcanzarla.

Cantera nos enseña que la felicidad no es un destino, sino un camino que se construye día a día con decisiones, acciones y, sobre todo, con la creencia inquebrantable en nuestra capacidad para crear una vida plena y significativa.

"Creer para crear" es un testimonio poderoso de transformación y redención.

Cantera nos enseña que, independientemente de nuestras circunstancias, todos tenemos el poder de reinventarnos y encontrar la felicidad que anhelamos.

Su historia nos inspira a creer en nosotros mismos y a crear la versión de una vida que deseamos vivir.

Capítulo 1
La conciencia interior

1
La conciencia interior

Desde que era niño, siempre he sentido una profunda curiosidad por entender el mundo que me rodea y mi lugar en él.

Esta curiosidad infantil es, en gran medida, lo que me ha llevado a este viaje hacia la conciencia interior y a encontrar la verdadera felicidad.

Todo comienza desde nuestro interior; solo debemos organizar nuestros pensamientos, pero realizarlo con alegría, con curiosidad, así como cuando éramos niños pequeños e inocentes.

A lo largo de mi vida, he aprendido que vivir en un estado permanente de felicidad es posible, siempre y cuando mantengamos la curiosidad y la conciencia plena al mismo tiempo.

Esa alegría efervescente y natural está presente en todo ser humano, solo que a veces nos olvidamos que tenemos derecho a vivirla y la sepultamos bajo capas hechas de preocupaciones y miedos.

Hace algunos años, me reencontré con ese estado de felicidad y desde entonces, mi deseo más profundo ha sido compartirlo con los demás.

Al escribir este libro no pretendo imponer ningún dogma o profetizar una verdad absoluta, sino más bien ofrecer una opción, un camino que todos podamos explorar juntos.

Uno de mis principales objetivos es ayudar a aquellos que se sienten perdidos enfrentando encrucijadas y no pueden encontrar esa chispa de felicidad que habita en su interior.

Durante mis veinte años en el ejército y como comandante de policía, no solamente experimenté muchas adversidades, sino que también me enfrenté a la corrupción y por si esto fuera poco me vi a punto de perder la vida.

Aunque intenté ayudar a los demás, me di cuenta de que el verdadero cambio comienza dentro de cada uno y nadie tiene la varita mágica para convertirse en una persona feliz.

No podemos cambiar el mundo si primero no nos cambiamos nosotros y una manera de hacerlo es analizando las dificultades que enfrentan las personas más vulnerables, tanto en las grandes ciudades como en localidades pequeñas y lejanas.

Yo he entendido que el problema no es solo la falta de recursos u oportunidades, sino también la mentalidad de pobreza que adoptamos.

Algo que me ha enseñado la vida es que, para vivir mejor, debemos examinarnos a nosotros mismos y luego proyectarnos hacia los demás con nuestro propio ejemplo de vida.

Mi crecimiento personal ha sido un proceso de autodescubrimiento y transformación porque yo cambié mis hábitos, practicando un deporte, meditando y estudiando. De esta manera aprendí a cuidar mi cuerpo y mi mente.

Experimenté un despertar que me liberó de las limitaciones y creencias que me habían atrapado durante años.

Ahora, con un mayor entusiasmo deseo compartir con ustedes todo lo que he aprendido.

Llegué a la conclusión de que, a través de la observación atenta, la aceptación y la práctica de la meditación, podemos conectarnos con esa fuente interna de felicidad y vivir de una manera más plena y consciente.

Este viaje hacia la conciencia interior es una invitación a volver a casa, para redescubrir nuestra naturaleza auténtica y a vivir con gratitud y serenidad cada minuto de nuestra vida.

Esto es algo que requiere tiempo, esfuerzo y dedicación, pero estoy convencido que vale la pena.

Antes de finalizar este capítulo quiero dejarlos con ocho claves recomendadas por estudiosos, psicólogos y filósofos de renombre que han llegado a la misma conclusión que yo llegué.

La felicidad es algo gratuito, es algo que fluye de una fuente inagotable interna que se haya dentro de cada ser humano.

1. **Autoconocimiento:** Antes de buscar la felicidad en el exterior, es fundamental conocernos. Reflexionar sobre nuestras emociones, valores, deseos y miedos para poder entender lo que realmente nos hace felices.
2. **Aceptación:** Aceptar nuestras virtudes y defectos, así como las circunstancias de

nuestra vida, nos libera del sufrimiento y nos permite vivir con serenidad y paz interior.

3. **Atención Plena (Mindfulness):** Practicar la atención plena nos ayuda a vivir el momento presente, en todas las acciones que ejecutamos y apreciar las pequeñas cosas que nos traen alegría a nuestra vida.

4. **Desapego:** Aprender a soltar apegos y a dejar ir aquello que no podemos controlar, nos permite vivir con mayor libertad y nos acerca a la verdadera felicidad.

5. **Cuidado Personal:** Cuidar nuestro cuerpo y mente a través de una alimentación saludable, ejercicio, descanso adecuado y prácticas como la meditación y la relajación, nos ayuda a sentirnos mejor con nosotros mismos y a mantener una sensación de bienestar.

6. **Relaciones Positivas:** Cultivar relaciones positivas y significativas con los demás nos proporciona apoyo emocional, nos enriquece como personas y nos brinda momentos de felicidad y conexión.

7. **Flexibilidad Mental:** Desarrollar una mentalidad flexible y abierta nos permite adaptarnos a los cambios, aprender de nuestras experiencias y encontrar soluciones creativas a los problemas, lo cual contribuye a nuestra felicidad y bienestar.

8. **Amor Propio:** Cultivar el amor propio y la autoestima nos permite reconocer nuestro

propio valor y tratarnos con amabilidad y compasión, aspectos fundamentales para nuestra felicidad y bienestar emocional.

Estas ocho claves son solamente una orientación que puede ayudarnos a encontrar la felicidad sin ir a buscarla en el exterior.

Cada persona es única y el camino hacia la felicidad es diferente para cada ser humano.

Lo importante es seguir nuestra intuición, luchar por nuestros anhelos y todo aquello que resuena en nuestro interior.

Capítulo 2
El espejismo tecnológico

2

"El espejismo tecnológico"

Desde mi perspectiva, observo cómo la tecnología se ha convertido en un aspecto esencial de nuestro diario vivir, pero también es una especie de espejismo que nos hace creer que estamos más conectados y avanzados que nunca.

Vivimos en un mundo acelerado, donde la tecnología avanza a pasos agigantados. Nos vemos rodeados de dispositivos como televisores, teléfonos inteligentes, tabletas, computadoras y videojuegos que nos mantienen constantemente distraídos, pero yo me pregunto: ¿Estamos realmente aprovechando esta tecnología para nuestro beneficio?

La inteligencia artificial y la computación cuántica son conceptos que queramos o no, son una parte muy importante de nuestra vida.

Casi todos tenemos en nuestras manos un teléfono inteligente con acceso a un mundo infinito de información.

Podemos interactuar con personas de todo el mundo al instante, pero a veces nos perdemos y sentimos que estamos naufragando en ese mar de información y conexiones excesivas.

Este acceso a la tecnología tan fácil como parece, nos brinda un poder y una comodidad increíble, pero también nos enfrenta a nuevos retos o desafíos.

Vivimos en una época de transformación constante, comparable a cambios tan significativos como cuando se descubrió la electricidad o se inventaron los aviones.

¿Hacia dónde nos dirigimos realmente con esta revolución digital?

En este mundo postmoderno, nos encontramos bombardeados por distracciones constantes, juegos online, contenido multimedia sin fin, redes sociales que nos manipulan, y una avalancha de información que a veces nos deja abrumados.

Las empresas tecnológicas, originalmente creadas para mejorar nuestra vida, nos manipulan con publicidad constante y venden la ilusión de una felicidad basada en el consumo y la adquisición de nuevos productos de marca que se multiplican sin control.

Nos encontramos atrapados en un ciclo de consumo constante que nos aleja de lo que realmente importa que es la felicidad, pero nos dejamos llevar por la trampa del materialismo creyendo llenar el vacío que sentimos interiormente.

Este ritmo frenético y esta dependencia tecnológica nos afectan a nivel emocional y mental.

Los habitantes del planeta tierra se han intoxicado con un gas letal invisible llamado estrés que es alimentado por otros complementos que también nos sofocan que son la ansiedad y la inseguridad.

Estamos siguiendo el juego de los grupos de poder cuya misión es contaminarnos con sus artimañas haciéndonos creer que nos están vendiendo la solución a nuestros problemas.

Pero déjeme decirle las buenas noticias, tenemos una opción porque nuestra inteligencia y la tecnología forman un buen equipo para cambiar nuestra situación sea cual sea.

Podemos elegir cómo interactuar con la tecnología, consumir información y vivir nuestras vidas para beneficiarnos a nosotros mismos y no a los que desean enriquecer sus bolsillos a nuestra costa.

Es urgente detenernos a reflexionar sobre la situación actual a nivel global y redirigir las acciones que tomamos, encausándolas hacia un futuro mejor.

Tenemos la capacidad de unirnos y trabajar juntos como equipo para crear comunidades felices, estables y principalmente bien informadas, donde la tecnología y la inteligencia artificial coexistan de manera armoniosa para beneficiarnos a nosotros y no a los que negocian con nuestra felicidad.

Es cierto que en esta vida nos enfrentamos a grandes desafíos, pero también tenemos puertas que se abren a grandes oportunidades.

Hagamos una pausa y preguntémonos:

¿Cuál camino debemos tomar?

¿Nos vamos con el consumismo o es mejor elegir nuestro propio camino que nos lleve a una vida más plena?

Podemos optar por seguir el camino del consumismo y cegarnos a la idea de que hay otras formas más simples y a menor costo para ser feliz.

¿Qué sentido tiene el materialismo y la tecnología si no nos satisface emocional o espiritualmente?

Aún peor ¿Qué sentido tiene consumir sin control si destruimos lentamente nuestro planeta en el proceso?

Es hora de tomar las riendas de nuestro destino estimados lectores y elegir un futuro mejor para todos.

Escuché que alguien dijo alguna vez *"Nada con exceso, todo con medida"* y eso es algo muy cierto, si vemos el ejemplo de los niños y adolescentes que son altos consumidores de azúcar; en un principio pueden desarrollar una energía increíble pero pronto esa energía se convierte en sobrepeso, y de ahí como consecuencia, se derivan los complejos, la baja autoestima y la energía temporal se transforma en desánimo, depresión e irritabilidad.

De esa misma forma en la era digital, los niños y adolescentes se sumergen en un mundo virtual, donde la gratificación y la sobreestimulación son instantáneas y comunes.

Sin embargo, la tecnología puede ser tan dañina para ellos como el exceso de azúcar en su organismo, porque los puede llevar a tener dificultades para concentrarse en actividades saludables como la lectura de un libro y también podrían volverse más impacientes e hiperactivos.

Ambas situaciones, ya sea el exceso de azúcar y de tiempo frente a las pantallas, puede afectar el desarrollo cognitivo, emocional y social de nuestros hijos.

Es esencial equilibrar estos aspectos para garantizar un crecimiento saludable y armonioso en las futuras generaciones.

Capítulo 3
La felicidad plena

3

La felicidad plena

En mis charlas en colegios y eventos, a menudo me encuentro con jóvenes que proclaman su libertad de vivir como ellos desean.

Me dicen: "*Es mi vida, hago lo que quiero, eso es ser libre*". En parte, tienen razón, pero lo que no siempre entienden ellos es que hay diferentes niveles y tipos de libertad.

Existe una libertad superficial, la libertad de maniobra, que puede parecer atractiva, pero en realidad podría ser una trampa.

Esta libertad, que nos permite hacer lo que queremos sin restricciones, puede llevarnos por caminos que no son necesariamente buenos para nosotros.

Podría hacernos sentir solos, vacíos y desconectados, sumiéndonos en una espiral de problemas y dolor emocional.

Como seres vivos, estamos diseñados para ser sociales, empáticos y altruistas.

La verdadera libertad radica en nuestra capacidad para usar la creatividad y energía para hacer el bien, para ayudar a otros y para contribuir al bienestar de la comunidad y del planeta en general.

A mí en lo personal me preocupa la generación de jóvenes de hoy. ¿Será la primera generación en vivir peor que sus padres? ¿Acaso están preparados para enfrentar los desafíos de la vida con resiliencia? ¿Están contribuyendo a un mundo mejor o están atrapados en un ciclo de estrés, ansiedad y adicciones?

La responsabilidad recae en cada uno de nosotros de descubrir si estamos o no en el camino correcto y si nuestras acciones y elecciones nos benefician y también contribuyen al bienestar de los demás.

Si actuamos incorrectamente e ignoramos las consecuencias de nuestras acciones, estaremos poniendo en peligro nuestro futuro y el de las generaciones venideras.

Yo no puedo evitar preocuparme por el estado de nuestro planeta y por el legado que dejaremos a nuestros hijos y nietos.

Las crisis globales, como la pandemia del COVID-19 y el calentamiento global, nos han mostrado nuestra vulnerabilidad.

Los líderes y políticos de generaciones pasadas no han hecho lo suficiente, y ahora es nuestra responsabilidad hacer las cosas bien.

Tenemos el poder de influir en el curso de los acontecimientos, pero para hacerlo de manera efectiva, debemos ser conscientes de nuestras acciones, mantenernos informados y actuar con integridad y empatía.

Una persona feliz y centrada tiene un impacto positivo en su comunidad, empezando desde el círculo interno del hogar hasta proyectarse a su comunidad y más allá.

Creo firmemente que un mundo mejor es posible, pero ese cambio comienza con la forma en que elegimos vivir nuestras vidas, cómo tratamos a los demás y cómo cuidamos nuestro planeta.

Es hora de actuar y de hacer la diferencia enviándoles un mensaje convincente a nuestros jóvenes.

Como adultos estamos prácticamente obligados a hacer conciencia en nuestra juventud que la felicidad no se encuentra en la acumulación de bienes materiales o en la búsqueda constante de placeres efímeros.

Para la juventud, el cuidado del planeta no es solo una responsabilidad, sino también es una oportunidad para encontrar un propósito mayor en la vida.

Cada acción que tomamos, por pequeña que sea, tiene un impacto en nuestro entorno y al elegir vivir de una manera sostenible y consciente, no solo estaremos cuidando el planeta, sino también nuestro propio bienestar.

He aquí cuatro claves que me gustaría compartir con ustedes:
1. **La conexión con la naturaleza:**
   Pasar tiempo al aire libre, conectarse con la naturaleza y apreciar la belleza del mundo que nos rodea puede ser una fuente de

inspiración y alegría. Cuando cuidamos la tierra, cuidamos de nosotros mismos.
2. **Consumo consciente:**
Ser conscientes de lo que compramos y consumimos hace una gran diferencia. Optar por productos sostenibles y apoyar empresas que se preocupan por el medio ambiente podría tener un impacto positivo.
3. **Educación y Conciencia:**
Efectuar decisiones informadas y a la vez responsables sobre el medio ambiente para ayudarlo a mejorar.
4. **Acción Comunitaria:**
Trabajar juntos en proyectos comunitarios de sostenibilidad puede ser una forma de hacer una diferencia en este planeta tierra.

Para concluir este capítulo quiero invitarlos a ustedes estimados lectores, a tomar estos consejos no solo como palabras, sino como una guía hacia una vida más plena y feliz.

El cuidado de nuestro planeta empieza por cuidar de nosotros mismos, no solo de nuestra salud física sino también de nuestro bienestar emocional y espiritual.

Practicando la gratitud, meditando y cultivando relaciones positivas son pasos fundamentales para encontrar la felicidad interna que tanto anhelamos obtener.

Capítulo 4
Camino hacia la felicidad

4
Camino hacia la felicidad

¿Alguna vez ha considerado la felicidad como un viaje en el que cada paso cuenta?

Imagine que cada elección, cada hábito y cada relación que cultivamos es como una piedra en el sendero que estamos construyendo hacia una vida más significativa y con propósito.

Cada piedra puede fortalecer nuestro camino o, si no elegimos sabiamente, puede hacerlo más complicado.

En este capítulo, exploraremos juntos cómo construir ese camino hacia la felicidad, reflexionando sobre prácticas y hábitos que no solo enriquecen nuestra vida personal, sino que también nos conectan con los demás y con el mundo que nos rodea.

¿Está listo para embarcarse en este viaje hacia una vida más plena y significativa?

¿Por qué vale la pena ser feliz?

La felicidad es una de las metas más universales y perseguidas por el ser humano; nos lleva a vivir de una manera más plena y con propósito, extendiendo sus beneficios a todos los aspectos de nuestra vida.

Como dije en uno de mis capítulos anteriores, al elegir ser felices, no solo mejoramos nuestra propia existencia, sino que también impactamos positivamente en nuestro entorno, beneficiando a nuestros seres queridos, comunidad y sobre todo al planeta.

¿Se puede aprender a ser feliz?

Afortunadamente sí; la felicidad no es un don exclusivo de nadie en particular, recuerden que está al alcance de todos.

Comencemos con un viaje hacia nuestro interior, donde aprendemos a conocer y aceptar nuestras emociones, deseos y necesidades.

A través de la auto reflexión, la práctica de hábitos positivos y el cultivo de una mentalidad orientada al bienestar, nos mantiene en un buen estado de ánimo la mayor parte del tiempo.

¿Se puede ser feliz siempre?

Aunque la felicidad constante puede ser difícil, es posible cultivar un estado de bienestar y satisfacción la mayor parte del tiempo.

Siendo resiliente ante los desafíos de la vida, podemos aprender a encontrar alegría incluso en los momentos más difíciles, construyendo así una vida con mayor significado.

¿Qué se requiere para ser feliz?

Ya dijimos que la felicidad no se encuentra en las posesiones materiales o en las circunstancias externas, todo lo contrario, cuando nos alejamos de las expectativas que otros tienen de nosotros y nos centramos en lo que realmente nos importa se nos hace más fácil lograr esta meta.

Todos nacemos con la capacidad de ser felices; solo debemos aprender a reconocer y aprovechar ese potencial innato.

¿Qué factores influyen y nos impiden ser felices?

Hay diversas razones por las cuales podemos sentirnos infelices.

Una de las causas es que no hayamos cumplido nuestras expectativas ya sean personales o sociales; esto es algo que puede generar frustración y descontento.

Las comparaciones constantes con otros, especialmente en la era de las redes sociales pueden llevarnos a sentirnos insatisfechos con nuestras propias vidas.

Las situaciones de estrés crónico, la falta de sueño, una dieta poco saludable o la falta de actividad física pueden afectar nuestro bienestar emocional.

Asimismo, las relaciones interpersonales conflictivas o la sensación de soledad pueden contribuir significativamente a nuestra infelicidad.

Es importante reconocer estas causas para poder abordarlas y buscar maneras de mejorar nuestro estado emocional y la calidad de vida.

¿Existe algún factor genético que nos impida ser felices?

Si bien la genética puede influir en nuestra predisposición a la felicidad, no determina nuestro destino.

Con el apoyo adecuado y la adopción de hábitos positivos, podemos superar el factor genético y cultivar la felicidad.

¿Cuándo nos afectan los factores externos?

Los factores externos podrían tener un impacto en nuestro bienestar, pero tenemos la capacidad para manejar y superar estas influencias y eso es lo que realmente cuenta.

Como autor, de este libro que he titulado "Creer para crear", creo firmemente en la capacidad del individuo para cultivar su bienestar y felicidad a través de prácticas diarias y conscientes.

Cada uno de nosotros tiene el poder de transformar su vida y mejorar el estado emocional y mental.

Que triste decirlo, pero cuantos jóvenes y adultos cometen suicidio hoy día porque sienten un enorme vacío y no saben cómo canalizar su miseria.

Es lamentable que la formación académica que reciben nuestros hijos en la escuela no incluya temas relacionados con la felicidad.

Si en los centros educativos no se habla de estos temas debemos comenzar a abordarlo nosotros con ellos, pero para hacerlo, debemos estar bien con nosotros mismos.

Al continuar escribiendo este capítulo quiero añadir que la felicidad es una elección personal y depende de nuestra actitud y perspectiva ante la vida.

Podemos optar por enfocarnos en lo negativo y permitir que las circunstancias externas dicten nuestro estado emocional, o elegir encontrar alegría y gratitud en las pequeñas cosas, cultivando una mentalidad positiva.

En última instancia, la felicidad no se encuentra en las circunstancias que nos rodean, sino en la manera en que elegimos vivir y en cómo decidimos responder a esas situaciones que se presentan ante nosotros.

Concluyo este capítulo con este pensamiento de Albert Camus que dice:

"La felicidad es el único bien que se multiplica al ser compartido." **Albert Camus**

Esta cita de Camus resalta la idea de que la verdadera felicidad se encuentra no solo en la búsqueda personal, sino también en la capacidad de compartir esa felicidad con los demás.

La felicidad no es un estado pasivo o un destino final, sino algo dinámico que se enriquece y se expande cuando se comparte con otros, como dice Camus en su cita.

Capítulo 5
El manual práctico de la felicidad

5

El manual práctico de la felicidad

El funcionamiento de nuestro cerebro radica en alejarnos del peligro y acercarnos al placer, es decir, que trata de apartarnos de las cosas que nos provocan temor o nos intimidan.

La mente del ser humano tiene una tendencia muy marcada a imaginar los peores escenarios y tratar de evitarlos.

Sin embargo, como no estamos preparados para controlar lo que pensamos, o ni siquiera somos conscientes de ello, parece que, en algunos casos, nuestros pensamientos generan más caos que beneficios.

A pesar de nuestras aspiraciones de controlar nuestros pensamientos y dirigirlos hacia caminos que traigan beneficios, la realidad es que nuestra mente puede ser un terreno difícil de dominar.

En ocasiones, los pensamientos mismos pueden desencadenar caos en lugar de proporcionar claridad o soluciones.

Esta compleja relación entre nuestra mente y nuestras emociones se refleja también en nuestra percepción del dinero y la felicidad.

Aunque seamos conscientes de que el dinero no es el único factor determinante en nuestra satisfacción emocional, a menudo nos encontramos atrapados en la búsqueda constante de una estabilidad económica que, no siempre se traduce a convertirnos en personas más felices.

El dinero no es realmente crucial para la felicidad. Por eso muchas veces cuando alcanzamos cierto nivel económico que cubre nuestras necesidades o deseos materiales, no se observan mejoras significativas en el bienestar emocional.

Es esencial destacar que el exceso de riqueza no conduce a la felicidad, pues hay personas que siendo extremadamente pobres son más felices que algunos billonarios.

Las personas piensan que los recursos financieros y los bienes materiales son parte de los deseos que todos tenemos, y aunque ciertamente algunas veces nos brinda cierta paz mental no siempre resuelve todos los problemas.

No es el dinero un factor determinante que afecta nuestro estado emocional, más bien, es el dominio sobre nuestros pensamientos lo que influye en cómo nos sintamos anímicamente.

Durante mucho tiempo, se creyó erróneamente que la felicidad se derivaba del bienestar material, pero lo cierto es que primero debemos darle prioridad el bienestar interno.

No pretendo abrumarlos con este tema, pero si deseo enfatizar que la felicidad no tiene nada que ver con poseer un automóvil lujoso o una mansión.

En este capítulo nos enfocaremos en cómo alcanzar la felicidad, lo cual no incluye tener posesiones materiales.

Experimentar felicidad no significa evitar sentirnos enojados, estresados, irritados o desear más cosas de las que tenemos materialmente hablando.

La felicidad se acerca más a saber manejar nuestras emociones y pensamientos cuando enfrentamos los desafíos de la vida.

He delineado un manual práctico con consejos para alcanzar la felicidad, el cual expondré más adelante en este capítulo.

También yo lo animo a que cada noche escriba en un papel tres cosas que lo hayan hecho feliz durante el día, al menos haga esto por una semana.

Después, ese proceso se convertirá en un hábito. Esta práctica maravillosa transformará sus pensamientos en una constante gratitud.

Al vivir agradecidos generamos una sensación de bienestar que es adictiva.

La felicidad y el bienestar son adictivos y, desde ese estado de equilibrio y enfoque, nos convertimos en seres más creativos.

Profundizaremos más en este tema conforme avanzamos en el libro, aunque la esencia la contiene el manual del que les hablo.

Yo estoy seguro de que, siguiendo los sencillos pasos que la ciencia nos ha revelado, podremos transformar nuestras vidas, construir un futuro mejor y contribuir positivamente a cambiar el mundo.

El camino que emprenderemos nos llevará a experimentar un gran bienestar, paz espiritual y una vida más saludable, sin estrés, ansiedad o miedo.

El estrés agudo es uno de los mayores obstáculos para una vida plena, y en este libro usted aprenderá diversas técnicas para superarlo de una manera efectiva.

Comencemos con el bienestar interior, que se traduce en bienestar mental y físico etc.

Todo lo que ocurre en nuestro interior depende exclusivamente de nosotros, no de la familia, los amigos, ni de los vecinos o del pasado, futuro, del gobierno, de la educación, la tecnología o incluso del universo.

Por eso lo primero que debemos hacer es dominar la mente y mantenerla en el momento presente.

Este proceso no es nada fácil, pero emplearemos varios métodos que facilitarán esta tarea, aunque requiere esfuerzo y dedicación de nuestra parte.

Una vez que estemos anclados en el presente, todas las demás acciones serán mucho más sencillas.

Poseemos una mente extraordinaria, dotada de una capacidad infinita; somos capaces de procesar miles de ideas en cuestión de segundos o milésimas de segundo.

Aunque esta capacidad del cerebro es impresionante, a menudo no la controlamos adecuadamente, lo cual puede generar en pensamientos negativos sobre el pasado, el futuro o en situaciones irreales que nos llegan a través de los medios de comunicación o las redes sociales.

Si bien estos pensamientos no tienen una utilidad práctica, refuerzan nuestras experiencias.

Podemos considerar nuestra mente como una supercomputadora que procesa información constantemente, pero aprender a controlar estas proyecciones mentales es crucial para nuestro bienestar.

La felicidad se encuentra en el fluir y ésto ocurre cuando nos dedicamos a actividades que nos apasionan, como trabajar en lo que nos gusta.

Experimentar plenitud durante el diario vivir o las rutinas que practicamos día a día aumenta nuestra creatividad y, en consecuencia, una sensación de felicidad y satisfacción.

Sin nada más que decir, a continuación, les proporciono el manual práctico para ser felices.

Manual práctico y fácil para ser felices

1. Socializar: Tenemos que volver a socializar con nuestros semejantes, por más tiempo. Este paso es muy importante ya que por naturaleza somos seres sociales. Así como en el pasado los seres humanos construimos nuestras civilizaciones trabajando en equipo, hoy día al socializarnos encontramos la manera de evolucionar y avanzar. Es muy importante no permanecer aislados; hay que dejar las pantallas, la televisión, los celulares, los videojuegos, de lado y al menos llamar a alguien con quien nos identifiquemos para platicar; es importante compartir los eventos positivos que nos suceden. Hablar con un amigo, hermano, nuestros padres porque al hacerlo generamos confianza en nosotros y eso nos trae bienestar. Platicar con alguien de confianza y no únicamente con amigos cibernéticos de las redes sociales. Es primordial, reunirnos físicamente con amigos, familia y hasta con desconocidos que incidentalmente encontramos en la calle. Al hacerlo, liberamos diferentes hormonas en el cerebro como las endorfinas y la serotonina, conocidas como las hormonas de la felicidad, aparte que la creación del conocimiento es colectiva e inherente al ser humano. Los vínculos humanos como el contacto cara a cara crean mensajes químicos producidos por la oxitocina que tiene que ver con la confianza y por la dopamina que tiene que ver con el placer, lo cual no sucede cuando nos sentamos frente a la computadora. La interacción entre los seres humanos es de vital importancia, se puede decir que, de la misma, logramos la supervivencia. Estudios científicos como el del psiquiatra Robert Wladinger de la Universidad de Harvard indican que las personas que viven aisladas tienen menos expectativas de vida, se enferman más y son menos felices, por eso debemos esforzarnos para convivir más, este doctor forma parte del estudio más longitudinal de la historia sobre la felicidad. Entonces es hora de levantarnos de nuestros sofás y de nuestras camas, y salir a los parques, a los clubes, a los gimnasios y a la calle; obviamente hay personas más introvertidas que otras, pero es necesario que en lo posible todos convivamos y cuidemos el tener buenas relaciones con los demás.

2. **Hacer deporte:** el ejercicio físico además de los beneficios que genera al sistema cardiovascular y a nuestra apariencia, tiene un efecto directo e inmediato en el cerebro, porque nos ayuda en la generación de nuevas conexiones neuronales,

refuerza el pensamiento creativo, mejora la función del hipocampo el cual es responsable de consolidar la memoria, sobre todo la memoria inmediata, e incluso de crear nuevas conexiones en el mismo. Nuestro cerebro es el órgano más sensible a la falta de oxígeno y glucosa de todo el cuerpo. Al hacer ejercicio balanceamos los niveles de glucosa (azúcar) y oxigenamos el cerebro. Realmente no se requiere hacer ejercicio extremo; el profesor, Tal Ben Azar de la Universidad de Harvard, dice que treinta minutos, tres veces por semana, es suficiente o practicar algún deporte como basquetbol, fútbol, o tenis, porque convivimos con otras personas, o realizar caminatas de media hora en un parque o en el gimnasio por las tardes. Tampoco podemos descuidar los buenos hábitos para que el ejercicio sea más productivo como dormir bien y comer saludable. Todo esto en conjunto generará más bienestar a nuestra mente y al cuerpo. El ejercicio activa los neurotransmisores conocidos como los responsables de la felicidad como la dopamina, la oxitocina, la serotonina, y la norepinefrina. La neurocientífica Wendy Susuky nos dice que la actividad física, cambia el funcionamiento de nuestro cerebro. El ejercio tiene efectos inmediatos en el funcionamiento del cerebro y el cuerpo, porque estimula directamente los neurotransmisores de la felicidad, mejora nuestra energía ya que al mejorar la circulación de la sangre se oxigenan los músculos y se crean nuevos vasos sanguíneos que irrigan de sangre y oxigenan todas las áreas del cuerpo incluyendo al cerebro; mejora la corteza pre frontal y la capacidad de enfocar la atención, así que si queremos estar de buen humor y concentrados en los objetivos nada mejor que hacer ejercicio físico. Una sola sesión de entrenamiento no nos va a mejorar el cerebro para toda la vida y esta transformación sucede cuando lo convertimos en un hábito y mejoramos a la vez la capacidad cardiorrespiratoria. La estructura más importante del cerebro en cuanto a la memoria es el hipocampo y haciendo ejercicio estimulamos la creación de células nuevas en el hipocampo. Al estimular el nacimiento de nuevas células cerebrales detenemos el deterioro del cerebro y de la memoria y tanto la demencia senil como el mal de Alzheimer podrían tardar más tiempo en afectar el cerebro. Según la doctora Susuky, es necesario hacer ejercicio aproximadamente tres veces por semana unos cuarenta minutos y también se recomienda hacer el tipo de actividad física que más nos guste.

3. Practicar la meditación

Es indispensable que practiquemos la meditación ya que nuestro cerebro consume al menos el veinte por ciento de nuestra energía y aunque su peso representa solo el dos por ciento de todo el peso corporal, absorbe una mayor cantidad de energía. Con nuestro pensamiento constante, mantenemos al cerebro en un continuo estado de alerta, por eso debemos desarrollar la capacidad de separar nuestros pensamientos del cuerpo físico y aprender a vivir con el aquí y el ahora. Al iniciarnos en el hábito de la meditación, aunque al principio no se haga diariamente, estamos cambiando el funcionamiento del cerebro y disfrutando más de la vida, porque al estar en un estado de flujo constante nos hace más felices. Debemos concentrarnos en lo que vivimos en el presente, esto conlleva a una mejoría de nuestro bienestar y nos damos cuenta de que nuestra existencia y la vida son nuestra propia creación y eso nos da seguridad y aumenta los sentimientos de felicidad. Aunque es muy importante enfocarnos en el presente, no es algo fácil ya que los humanos nos diferenciamos de otras especies porque podemos imaginar escenarios futuros y revisar eventos del pasado ya que siempre estamos imaginando eventos y juzgándonos si pudimos hacer algo mejor. Constantemente pensamos en lo que viviremos en el siguiente minuto para discernir y encontrar una mejor manera de actuar; eso es natural y así funciona nuestro sistema, sin embargo, podemos controlar este hábito y nuestros pensamientos y la mejor manera de hacerlo es por medio de la meditación. Al enforcarnos en el presente, el cerebro es más productivo y feliz, porque elimina el circuito de ansiedad, prácticamente lo neutraliza. Como un comentario les diré que el proceso de meditar, a mí en particular me ha ayudado demasiado, siendo la principal manera de despejar mi mente, y estar listo para una mejor vida, aparte de tener la gran cualidad de convertirse en un hábito positivo y el bienestar que se genera es adictivo como dije anteriormente. Una vez aprendemos a meditar no queremos dejar de hacerlo; para hacerlo no se requiere usar ninguna sustancia, ni las redes, ni dinero, simplemente al meditar reducimos nuestros niveles de estrés al mínimo.

4. Tener empatía: Como seres humanos, somos naturalmente empáticos debido a nuestra evolución. La empatía ha sido fundamental para la supervivencia, ya que permite entender y compartir los sentimientos de los demás, colocándonos en su situación. La empatía nos enseña que en nuestro entorno social es posible experimentar preocupación por los demás e incluso llegar a sentir sus emociones. Podemos imaginar lo que piensan o sienten otras personas, y eso nos lleva a buscar formas de hacer que se sientan mejor, contribuyendo así a la cohesión del grupo y su supervivencia. La verdadera armonía no se logra únicamente cuando compartimos opiniones similares, sino también cuando enfrentamos diferentes perspectivas.

5. Ser altruista: Pensar en otras personas más que en nosotros mismos, nos genera estados de felicidad. Así que basar nuestros éxitos en lo que podemos otorgarle a los demás nos ayuda mucho a tener paz mental. Hacer cosas buenas por otras personas funciona. Ser altruista con lo que vemos, así como con lo que no vemos, nos produce placer, ya que se activan los circuitos de recompensa del cerebro. Esta actividad causa la misma sensación que la cocaína, pero obviamente sin efectos adversos.

6. Tener un gran propósito en la vida: Tener un propósito de vida, que esté por encima de las actividades rutinarias, genera una gran satisfacción. Realizar pequeños propósitos diarios es muy importante. Tener un propósito en la vida nos mantiene enfocados y si se llega a concretar, podremos definir nuevos y mayores propósitos. Aun si no llegara a concretarse, debemos disfrutar el camino que recorrimos, lo cual nos mantendrá en un estado de felicidad y nos convertiremos en personas más maduras y sabias por las lecciones que aprendimos al intentarlo.

7. Ser agradecidos: Agradecer cada día por todo lo que tenemos es fundamental. Es importante evitar estar constantemente pensando en lo que no tenemos. Debemos cultivar la gratitud siempre, incluso por lo que nos depara el futuro. Es decir, debemos hacer que nuestros pensamientos sean abundantes en agradecimiento. Agradecer por la casa que tendremos, por poder ayudar a las personas que ayudamos, por el viaje que realizamos; todo esto contribuye a nuestra felicidad. Recuerden que el camino hacia la felicidad y el bienestar es único para cada individuo, pero estas recomendaciones pueden servir como punto de partida para cultivar una vida más plena y satisfactoria.

Capítulo 6
Transformando el pensamiento

6

Transformando el pensamiento

Hoy día nos encontramos en un mundo que nos bombardea con ideas de cómo ser exitosos y conseguir la felicidad a través del dinero y los bienes materiales, las compras o los juegos, o de una imagen corporal ideal.

Estas ideas nos mantienen en una constante ansiedad y tensión, a la vez que nos produce estrés y depresión y enferma nuestro cuerpo. Incluso en ocasiones obliga a las personas a cometer actividades deshonestas y hasta ilícitas, consigo mismas y con sus comunidades, creando industrias destructivas para nuestro planeta o exponiendo a otros a ingerir medicamentos o a practicarse cirugías innecesarias.

Por eso, es bueno limitar el campo de acción de estos pensamientos e ideas.

Mi meta con este libro es enseñarles mis estimados lectores, a dirigir sus pensamientos, a conocerse a ustedes mismos, a tener resiliencia y vivir en paz y armonía.

Voy a demostrarles una prueba que todos podemos hacer. Obviamente, primero lea las instrucciones e inmediatamente después realícelo.

Siéntese, cierre sus ojos e imagine que sale de su cuerpo y se instala por encima de usted, como el gran genio de la lámpara maravillosa, elevándose sobre su cuerpo, pero mirándose de frente, mirando su cuerpo, frágil y relajado.

Piense que ese genio que sale de esta lámpara maravillosa le concederá un deseo y se lo va a cumplir realmente.

Usted le pedirá ser muy feliz o ser millonario o lo que usted quiera, cualquiera que sea la petición, debe ser lo más concreta posible y se le concederá.

Por ejemplo, diga, "voy a tener un millón de dólares en un año o en diez años", o "seré muy fuerte o inteligente".

Pida lo que quiera, su cuerpo es solo un instrumento capaz así como si se tratara de una supercomputadora, la más potente jamás creada, ese es su cerebro.

Obsérvese siendo millonario, fuerte, sano y dichoso, y regrese al genio dentro de usted. En realidad, sus deseos se pueden cumplir pero necesita ponerse a trabajar en lograrlos.

Ese genio, ese mago, esa magia está dentro de usted.

¡Hagámoslo ahora!

¿Se da cuenta de la capacidad de tu cerebro?

Desde el momento en que le estaba pidiendo que imaginara a un genio, ya lo estaba haciendo. Su cerebro hizo una súper proyección de usted mismo, que lo colocó en un plano más elevado, en donde incluso usted se convirtió en un ser diferente, con mucha energía y muy fuerte e incluso le dio la impresión de que puede manipularlo.

Nuestra mente es muy poderosa, solo que es influenciable. Los pensamientos son el combustible de nuestra vida en general; si le damos un buen combustible, funcionará bien, si le damos un combustible malo, funcionará muy mal.

Si nuestros pensamientos divagan demasiado, fabrican realidades diferentes a cada instante, y en ocasiones, realidades falsas por eso es importante controlar esto.

Debemos guiar nuestros pensamientos positivamente hacia el presente, porque si nos enfocamos en el pasado nos traerán nostalgia y si lo hacemos en el futuro nos crean ansiedad.

Esto es lo que se llama conciencia, estar conscientes de lo que hacemos en el momento, el tomar consciencia de nuestros actos, es estar en el aquí y en el ahora, que nos pertenece.

Haciéndolo entraremos en el mundo de nuestro propio ser, un mundo de energía sin límites, donde no existen ni el tiempo ni el espacio, ni las reglas.

Usted es el entrenador y el jugador, la maqueta y el creador; cada idea, cada visión que tenga crea su mundo.

Pintemos ese mundo de un color brillante y eso hará que el sistema cambie y que tengamos un nuevo mundo o una nueva realidad.

El trabajo duro de este cambio hacia una vida más feliz, lo hacemos nosotros mismos; no es fácil, como ya lo dijimos, pero tampoco es complicado.

Es muy importante comenzar ahora sin enfocarnos en una vida material, en una vida con mucho dinero únicamente, sino que conectemos con el universo y al hacerlo vendrá el bienestar material por añadidura.

Nuestra energía es la que nos conecta con el universo, es en la mente donde observamos que las imágenes y los pensamientos no son estáticos, sino que viajan constantemente y vienen a nosotros.

El motor central que coordina mente, pensamientos y cuerpo, es nuestra conciencia o espíritu; yo la llamo energía pura.

Posteriormente en otros capítulos, explicaré todos los conceptos que aquí quiero exponer.

Por ahora, me basaré en lo más básico, en lo que casi todos conocemos o tenemos idea de conocer: cuerpo, mente, pensamiento y alma o espíritu (conciencia).

De hecho, los pensamientos y el cuerpo antes no los separábamos de la mente; ahora, en este contexto, es algo vital separarlos.

Les diré que nuestra mente es el recurso más valioso, con casi cien mil millones de neuronas conectadas entre sí y con el universo solo debemos aprender a controlarla.

El cerebro está programado para alejarnos del peligro y acercarnos al placer y una mente sin control puede buscar solo cosas buenas, pero si éstas no llegan nos deprimimos y creamos un caos mental.

Por ejemplo, ciertas áreas del cerebro se estimulan con el dinero o el sexo y temporalmente nos dan alegría, y esto puede confundirse con la verdadera felicidad.

Las consecuencias vienen después, al tener sexo sin control o volviéndonos adictos a los contenidos sexuales que circulan en las redes, etc.

Sucede igual con las drogas causan una alegría momentánea, fumar marihuana o consumir alguna otra droga por ejemplo trae cierta paz y tranquilidad en el momento por los compuestos químicos que tienen y los efectos instantáneos en el cerebro, pero también crean adicción y eso genera una adicción y problemas mentales, legales u otras consecuencias tales como accidentes.

Y aunque no lo crea el trabajo, aunque genera dinero también acarrea momentos difíciles a nuestro bienestar y lejos de darnos felicidad nos da problemas como el descuidar nuestro hogar y eso conduce algunas veces a divorcios, familias separadas, hogares destrozados e hijos con adicciones etc.

Cuando las consecuencias malas se hacen presentes, ya sea cuando nos enfermamos o nos hacemos adictos a sustancias que nos conducen a situaciones desagradables nos preguntamos:

¿Qué nos pasó?

Por eso tenemos que aprender a limitar nuestros impulsos y apetitos y lograr llevar una vida plena y conocer la felicidad de una manera sana y duradera, para alcanzar bienestar familiar, emocional, físico, y económico.

¿Por qué digo que la felicidad es una obligación?

Durante la pandemia de COVID-19, observé con preocupación la pésima salud de la población en mi país y en otros lugares.

Se culpaba a los gobiernos y se atacaba al personal de salud, pero ¿no tenemos responsabilidad personal en cuidar nuestra salud?

La obsesión por el dinero y los bienes materiales nos lleva a sacrificar nuestra salud y una vida feliz.

El cuerpo humano, a través de cada célula, actúa como un complejo sistema de percepción que registra constantemente su entorno.

Esta interacción sensorial, junto con nuestros sentidos tradicionales, nos proporciona una amplia gama de sensaciones en cada momento.

Aunque este proceso ocurre en gran medida de manera inconsciente, influye en cómo pensamos y nos comportamos.

El cerebro trabaja continuamente para garantizar nuestra seguridad en actividades cotidianas como caminar o andar en bicicleta.

Sin embargo, esta actividad cerebral no necesariamente nos conduce a la felicidad más plena.

Esta responsabilidad recae en nuestra conciencia, a la que podríamos llamar "súper conciencia", que actúa como los controles de mando de nuestra existencia.

Para dirigir nuestros pensamientos hacia un camino más positivo y saludable debemos tener siempre en cuenta el manual práctico para ser felices y la siguientes estrategias que aunque caen dentro del manual nos confirman cómo ser felices

1. **Mindfulness:** Practica la atención plena para estar presente en el momento y observar tus

pensamientos sin juzgarlos. Esto te permite tener una mayor claridad mental y control sobre tus pensamientos.
2. **Visualización positiva:** Dedica tiempo a visualizar tus metas y sueños de manera positiva y realista. Esto te ayuda a enfocarte en tus objetivos y a mantener una actitud positiva.
3. **Autoafirmaciones:** Utiliza afirmaciones positivas para contrarrestar pensamientos negativos. Repite frases como "soy capaz", "merezco el éxito" o "soy digno de amor" para fortalecer tu confianza y autoestima.
4. **Técnicas de respiración:** Practica técnicas de respiración profunda y consciente para calmar tu mente y reducir el estrés. La respiración profunda puede ayudarte a disminuir la ansiedad y aclarar tus pensamientos.
5. **Establecimiento de límites mentales:** Aprende a establecer límites saludables con tus pensamientos. Reconoce cuándo estás rumiando sobre algo negativo y establece un límite de tiempo para pensar en ello antes de pasar a algo más positivo.
6. **Terapia cognitivo-conductual:** Si tienes dificultades para controlar tus pensamientos por tu cuenta, considera buscar la ayuda de un terapeuta cognitivo-conductual. Este tipo de terapia te enseñará técnicas específicas para identificar y cambiar patrones de pensamiento negativos.

Al practicar estas estrategias ayudamos a controlar los pensamientos y a buscar el bienestar emocional y físico, así como la calidad de vida en general.

Recuerde que el proceso no es inmediato, puede llevar tiempo y esfuerzo, pero los beneficios valen la pena.

Capítulo 7
Los detonantes emocionales

7
Los detonantes emocionales

Como mencioné anteriormente, en la actualidad hay tantos elementos a nuestro alrededor que nos distraen, exaltan, ponen nerviosos, llegando al punto en que nos envuelven de tal manera provocándonos un excesivo estrés, ansiedad e inseguridad.

Todas estas distracciones, como lo son las noticias falsas, las telenovelas, las series de televisión, los perfiles falsos en las redes sociales, los anuncios y la publicidad excesiva, contribuyen a desestabilizarnos emocionalmente.

Todo esto manipulado por industrias con publicidad sin escrúpulos, sin moral, con una increíble voracidad por hacernos consumidores de lo que sea, o por gobiernos irresponsables que solo bombardean a la gente con anuncios, para dirigir los pensamientos de las personas hacia un callejón sin salida y que a ellos les genere votos; sin embargo, no todos son responsables de que nuestros niveles de estrés aumenten.

Lo que en realidad nos provoca ese caos emocional descontrolado, el nerviosismo y las enfermedades, son nuestros propios pensamientos mal controlados, el desconocimiento sobre ciertos temas y las deducciones que hacemos al observar ciertas cosas.

Lo que realmente mueve nuestro ser son las ideas y los pensamientos; entonces, todo lo bueno o lo malo aflora en nuestro interior.

Por lo tanto, el control que tengamos de nuestros pensamientos es lo que nos lleva a mejorar la calidad de vida y a ser realmente felices, a pesar de las circunstancias externas que sucedan.

Aparte de esto, si lográramos por un día no encender la televisión, poner el celular a un lado y apagar la computadora, nuestra vida cambia para bien.

Buscando las causas de los problemas de salud pública, adicciones, inseguridad y sus posibles soluciones, me di cuenta de que hay un sinnúmero de cosas que hay que cambiar.

Aprendiendo a enfocar a la sociedad, reeducándola y mostrándole el camino para que las personas sean más felices, estaremos combatiendo todos los males que conducen a caminos oscuros y llenos de obstáculos emocionales.

Insisto, que el cambio debe comenzar por nosotros mismos, de ahí podemos proyectarnos a nuestra familia, a grupos sociales, a nuestras poblaciones y a nuestros países.

Volvamos a nuestro cuerpo como un observador externo, porque hasta para eso tenemos una gran capacidad, ya lo analizamos en capítulos anteriores de este libro.

Bien, ahora utilizando esa capacidad, observemos nuestro cuerpo e imaginemos que toda la parte exterior de nuestro cuerpo tiene un halo de luz.

En realidad, así es como se observa nuestra energía; esa es nuestra energía personal, digámoslo así.

Este halo de luz y energía realmente existe, y nosotros estamos dotados por medio de ella de una fuerza infinita que nos conecta con otros seres y con todo el universo, ya que somos, energía.

Esta energía maravillosa nos hace caminar, pensar, esforzarnos al trabajar; además de que podemos utilizarla como protección de todas las cosas externas que pudieran afectarnos.

Pero, sobre todo, esa energía latente nos permite crear lo que realmente deseamos, nuestras ideas positivas en acción transforman las acciones en hechos por medio de la energía.

Es decir, que con solo imaginar algo, o visualizar una idea, esto va sucediendo porque nosotros vamos creando nuestra propia realidad a cada instante.

Luego entonces, lo que se cree, se crea. Así que, por la acción de nuestro cerebro y de los pensamientos positivos, hacemos que cosas maravillosas sucedan.

Quiero hacer énfasis aquí que nuestras ideas crean situaciones favorables y también eventos que no nos convienen por medio de pensamientos negativos sobre posibles situaciones negativas.

Por eso, es tan importante guiar nuestros pensamientos a situaciones positivas. Las personas adictas a las drogas o al alcohol, no hacen ni lo uno ni lo otro; si estamos nerviosos o estresados, solo activamos los mecanismos de defensa, de huida, y eso crea distorsiones en el cerebro, causando un conflicto interno; y si vivimos pendientes de las redes sociales esperando encontrar algún beneficio ahí, pues lamentablemente les diré que no funcionará.

No esperemos que, en la vida, alguien venga a rescatarnos, ni del gobierno ni un miembro de la familia nos vendrá a auxiliar.

Si no lo hacemos nosotros, nadie podrá hacer nada para cambiar nuestra vida. Por lo tanto, este capítulo se resume en enseñarnos a que los pensamientos positivos crean cosas positivas, y que nuestra mente y cuerpo, trabajando en equipo, crean la felicidad que tanto ansiamos.

Existen circunstancias adversas que suceden a nuestro alrededor constantemente. Pero yo le pregunto a usted:

¿Cómo afectan esos eventos a su propia vida?

Déjeme decirle que dependen de usted y del control que tenga de sus propios pensamientos.

Sin más preámbulo, en el próximo capítulo les explicaré ampliamente algunos pasos sencillos muy básicos que llevan a la felicidad y, aunado a ello, la prosperidad.

Capítulo 8
Empoderados para triunfar

8

Empoderados para triunfar

Quizás seré un poco redundante en algunos temas, pero quiero recalcar lo que han dicho algunos expertos estudiosos en la materia, ya que existe una basta información al respecto.

Lo importante para mí es haber iniciado la búsqueda de alguna información que les compartiré en este capítulo.

Facundo Manes, un neurocientífico argentino reconocido por su estudio sobre las funciones cognitivas y conductuales del cerebro mediante imágenes de resonancia magnética y otros métodos, nos revela que la felicidad está intrínsecamente ligada a nuestra naturaleza como seres sociales.

En la era actual, caracterizada por una revolución del conocimiento, el valor más importante para las naciones radica en el potencial cerebral de sus ciudadanos.

Las economías se sustentan en la capacidad de generar e implementar nuevas ideas.

Por tanto, la búsqueda de la felicidad no recae únicamente en individuos y familias, sino también en políticas públicas que fomenten el bienestar.

A nivel global, se está llevando a cabo una transformación en este sentido, pero requiere el esfuerzo conjunto de todos.

El cerebro humano, considerado el órgano más complejo del universo, juega un papel fundamental en la búsqueda de la felicidad.

Facundo Manes resalta la importancia de la socialización y la creación de vínculos, ya que nuestro cerebro es inherentemente social.

Cuando experimentamos sed o hambre, el cerebro activa procesos para satisfacer esas necesidades, de manera similar a cuando buscamos conexiones sociales en situaciones de aislamiento.

Estar conectado a través de relaciones humanas es esencial para el bienestar emocional, más allá del número de amigos en redes sociales como Facebook.

El vínculo humano es irremplazable y la complejidad de nuestro cerebro precisamente la adquirimos por vivir en grupos grandes y complejos.

El aislamiento social crónico no es un tema que pasa desapercibido en los EE. UU.

Un 40 % de la sociedad norteamericana se siente sola en algún momento de su vida.

Inglaterra ha creado un ministerio de la soledad, porque esto tiene un gran impacto en la salud pública.

El aislamiento social crónico es un factor de muerte mayor que el de la polución ambiental, el alcoholismo y la obesidad.

Así que tener vínculos humanos profundos es uno de los mayores beneficios que nos dan felicidad.

Hoy se sabe que crear grupos para trabajar en equipo es muy importante, ya que la inteligencia colectiva es mucho más importante que la suma de las inteligencias individuales.

También sabemos que, si un equipo trabaja bien en una tarea, ese equipo será eficaz en otra tarea asignada.

Una de las cualidades que deben poseer las personas que trabajan en equipo en un grupo es la empatía en altos niveles.

La empatía es una emoción que nos permite procesar a nivel cerebral el ponernos en los zapatos del otro, como dicen por ahí.

Por ejemplo, si alguien gana un premio, cuando nos alegrarnos por esta persona es sentir empatía.

Hay dos tipos de empatía, la primera es la empatía cognitiva y la segunda es una empatía emocional que es la que nos permite compartir y sentir la alegría o el dolor de otros.

El tercer aspecto fundamental que predice el éxito de un equipo es que exista una diversidad de género.

Además, que tengan educación, sueños y valores compartidos. El 30 % del bienestar del ser humano es herencia genética, o sea que en ocasiones los genes nos afectan positivamente, pero esto indudablemente se puede revertir.

Otro de los aspectos más importantes para experimentar bienestar es el ser altruistas.

Algunos seres humanos somos altruistas por naturaleza, con personas, animales o poblaciones que no hemos visitado jamás y no conocemos a nadie que viva ahí.

Por ejemplo, un altruista puede trabajar por la gente que tiene hambre en África y por personas que son víctimas en una ciudad devastada por un huracán, etc.

Los altruistas trabajan inclusive por mejorar el mundo de futuras generaciones y eso les produce bienestar.

El ser altruista provoca mucha satisfacción y felicidad, ya que activa los circuitos de recompensa del cerebro.

Existen estudios sobre el altruismo que dicen activar los mismos circuitos de la misma forma que lo hacen algunas de las drogas sociales como la cocaína y otras, obviamente sin causar efectos adversos.

Como expliqué en el manual de la felicidad, practicar algún deporte produce felicidad no importa si es solamente treinta minutos, tres veces por semana, pero los deportes nos mantienen estables emocionalmente, eso sin contar los beneficios que nos traen a nivel cerebral y a la salud física.

Si añadimos una dieta saludable y las horas de descanso y de sueño, seremos mucho más felices todavía.

Existen otros factores que también expliqué en el manual, y uno de ellos muy importante, por cierto, es la meditación o (mindfulness), por medio del cual nos enfocamos en el tiempo presente, olvidándonos de escenarios futuros o revisando eventos del pasado.

Un cerebro atento y centrado es un cerebro más productivo y feliz, porque elimina el circuito de ansiedad y lo neutraliza.

Otro aspecto muy importante es vivir en un constante de flujo, efectuando actividades favoritas para nosotros, como cocinar, reparar algo, crear una obra de arte, tocar algún instrumento musical, cantar y disfrutar de la actividad a plenitud.

Esto nos acarrea alegría y estimula nuestra creatividad, lo cual genera una mayor satisfacción interna.

Tener metas o propósitos de vida como expliqué en el manual de la felicidad, es algo muy importante ya sean propósitos grandes o pequeños que nos propongamos cumplir.

Finalmente, estar constantemente agradecidos por el pasado, por el presente y por lo que la vida nos tiene deparado para el futuro, la ausencia de quejas y lamentaciones nos producen placer y la palabra "gracias" es muy importante tenerla a flor de piel.

Repetir constantemente gracias, es una excelente terapia para las personas que se encuentran en depresión y niveles de ansiedad muy altos.

Facundo Manes el neurocientífico del que hemos estado hablando en este capítulo es un médico investigador argentino muy reconocido a nivel internacional por su trabajo en el campo de la neurociencia cognitiva y por la investigación del cerebro y el comportamiento humano y él dice algo de lo cual hemos discutido en la mayoría de los capítulos, lo cual me gustaría que ustedes tomaran muy en cuenta.

Manes, afirma que la felicidad no está directamente ligada a la acumulación de bienes materiales o a la búsqueda del dinero.

En sus discursos y entrevistas, destaca la importancia de cultivar relaciones significativas, tener propósitos en la vida, y encontrar un equilibrio entre las responsabilidades y el tiempo para el disfrute personal.

Manes enfatiza que la verdadera felicidad radica en aspectos más profundos de la existencia, como el desarrollo personal, el bienestar emocional, y el sentido de pertenencia y conexión con los demás.

También argumenta que la obsesión por la riqueza material puede llevar a una búsqueda infructuosa de la felicidad y a una falta de satisfacción duradera en la vida.

Facundo Manes promueve la idea de que la felicidad auténtica proviene de encontrar un propósito significativo en la vida y cultivar relaciones interpersonales sólidas, más que de la acumulación de bienes materiales o la búsqueda del dinero.

Al concluir este capítulo, me siento inspirado por las palabras sabias de Facundo Manes, quien nos recuerda que la verdadera riqueza yace en nuestra capacidad para nutrir relaciones significativas y encontrar propósito en nuestras vidas.

Este recordatorio nos impulsa a reflexionar sobre nuestras prioridades y a reevaluar donde se encuentra el verdadero valor de la vida.

Al adoptar la filosofía de Manes, abrazamos la idea de que la felicidad está intrínsecamente ligada a nuestra capacidad para cultivar un sentido de pertenencia, tanto en nuestras relaciones interpersonales como en nuestra propia trayectoria personal.

Con esta comprensión, nos embarcamos en un viaje hacia una vida más plena y significativa, donde la búsqueda de la felicidad no está definida por la acumulación de posesiones materiales, sino por la calidad de nuestras experiencias y el impacto que tenemos en el mundo que nos rodea.

Capítulo 9
Ciencia y espiritualidad

9

Ciencia y espiritualidad

Les mencionaré ahora un tema importante para mí, el cual es platicado por Sadhguru, mi gurú personal a quien recomiendo para encontrar un buen camino para la realización como individuo.

Sadhguru no pertenece a ninguna religión solo nos enseña que ser feliz o infeliz es en realidad, nuestra elección por medio de la aceptación y auto reconocimiento.

Quiero compartir con ustedes algunas reflexiones inspiradas en la filosofía de Sadhguru, un maestro espiritual reconocido por su enfoque en el bienestar holístico, que abarca la salud física, mental y espiritual.

Primero, les diré lo que él opina sobre la búsqueda del bienestar y la felicidad.

Sadhguru nos enseña que las personas generalmente buscan la felicidad en diferentes aspectos de la vida, ya sea en el trabajo, en la religión, en las relaciones y más.

Sadhguru nos dice que el bienestar implica un cierto nivel de alegría y exuberancia en la vida, abarcando tanto aspectos físicos como emocionales.

También dice que la felicidad está relacionada con una experiencia de energía exuberante, reflejando la idea de que está ligada a un estado interno más que a circunstancias externas.

Sadhguru afirma que, así como los niños experimentan la vida de manera plena y alegre, los adultos podemos aprender de la actitud que ellos tienen con respecto a la vida.

Finalmente les diré que Sadhguru nos señala que las personas suelen buscar la felicidad en diferentes actividades y circunstancias externas, pero rara vez la encuentran de manera duradera.

Estoy muy de acuerdo con esto porque a pesar de nuestros esfuerzos por encontrar la felicidad, a menudo nos sentimos insatisfechos.

En los últimos cien años los humanos hemos hecho demasiado en este planeta; hoy día contamos con las comodidades y conveniencias que ninguna generación del pasado podía haber imaginado, los televisores, los aviones, los teléfonos celulares, los refrigeradores, aires acondicionados, internet, autos con doscientos o trescientos caballos de fuerza entre otros son inventos que muchos de nuestros ancestros no alcanzaron a disfrutar.

Ni siquiera los reyes de antaño hubieran imaginado gozar de esas cosas y hoy día el ciudadano promedio lo tiene, la mayoría de nosotros tienen lo que ni siquiera la realeza podía permitirse cien años atrás.

Pero yo le pregunto a usted mi estimado lector: ¿Acaso somos más felices que nuestros antepasados?

Los que vivimos hoy día en el planeta, puede que seamos las generaciones con mayores comodidades, de todos los tiempos, pero no somos las más alegres o felices.

¡Entonces la tecnología con respecto a la felicidad no ha funcionado!

La gente habla de felicidad que logramos con factores externos y también se discute sobre la felicidad que experimentamos internamente pero no existe tal teoría de dos tipos de felicidad porque siempre es interna.

Al decir que la felicidad está en nuestro interior, no nos referimos a que está dentro de nuestro cuerpo ni en nuestra mente.

La mente es algo que acumulamos desde fuera, la mente es un montón de impresiones que llegan desde fuera.

En ese momento, todo lo que acumulamos en la mente desde el exterior se puede perder y si vivimos basados en algo inestable, nuestra vida será inestable.

Cuando pensamos en lo que nos pueda pasar estamos actuando con un miedo infundado y hasta que se elimine este miedo no encontraremos la felicidad plena.

El proceso espiritual en el que podemos basar la felicidad es creando otra dimensión en nuestra vida para evitar las inseguridades que nos producen las preocupaciones por el futuro.

Nosotros creemos que, si pensamos más sobre cómo solucionar los problemas que ni siquiera han llegado, podemos ser más felices, pero no es así. Intentamos ser felices y probar cosas como alcohol o drogas, juegos de video, apuestas y sexo para distraer la mente con algo que llamamos "diversión".

Sin embargo, nada de esto funciona porque cuando pasan esos momentos de placer nos damos cuenta que no nos dan ni paz mental ni emocional.

Después de haber practicado estos hábitos de una manera desenfrenada, nos vamos al trabajo como si todo estuviera bien, pero nos sentimos inestables.

Algunos podrían decir que nos volvimos locos y en un ataque de histeria, terminar en una clínica de salud mental donde nos darán medicamento para estabilizarnos.

Déjeme decirles que todas nuestras emociones tienen una base química, y debemos entrenar al cerebro a crear el tipo perfecto para nosotros.

Es importante crear situaciones que deseamos, pero si no creamos la química adecuada estamos fallando.

Esta química de la que les hablo es la que nos suple con el combustible para crear una buena ingeniería interior.

No importa donde vivamos en este momento, puede ser en un palacio, o en una choza humilde, si nuestro cerebro no funciona con la química indicada no estaremos balanceados.

En la mente podemos crear la situación más favorable para nosotros controlando la química para sentirnos felices, pero también con la química equivocada experimentamos depresión y angustia, ansiedad, estrés.

En síntesis, no somos nosotros los que fracasamos sino la química que opera nuestra mente y nuestra forma de pensar.

El lograr que los eventos de la vida sucedan como nos gustaría, solo lo conseguiremos siendo conscientes que debemos mejorar la ingeniería interior.

Por ejemplo, si todos los días por la mañana empezamos el día con este pensamiento en mente, crearemos un mundo interior lleno de paz, amor y alegría.

Si para hacerlo necesitamos caer cien veces al día, esas caídas harán que nuestra mente se organice, también nuestra forma de pensar, las emociones se balancearán y las energías se pondrán en línea. Esto hace que tengamos la capacidad para crear y manifestar lo que queremos.

En el aspecto relacionado a la felicidad debemos tener en cuenta también lo que nos dice la profesora Laurie Santos.

Ella es experta en el campo de la psicología, el pensamiento positivo y la búsqueda de la felicidad; Santos es profesora y directora del laboratorio de cognición comparativa de la Universidad de Yale.

La doctora Santos afirma que la cultura del yo, no nos ha hecho más felices, sino que, por el contrario, nos ha alejado de ese objetivo.

Es una de las expertas más conocidas en el mundo respecto a la mentalidad positiva y la búsqueda de la felicidad.

En una conferencia refiriéndose a la felicidad esta profesora Santos menciona lo siguiente:

¿Qué es la felicidad?

Hemos intentado describirla desde que como humanos empezamos a interesarnos por la felicidad. Tiene una infinidad de definiciones, pero se suele usar la más científica, cuando se habla de felicidad. Santos se refiere a los dos aspectos: uno es el aspecto emocional de la felicidad, como el hecho de que cuando estamos felices sentimos muchas emociones positivas, no reímos y experimentamos una ausencia de emociones negativas, porque no hay tristeza ni rabia ni nada.

El otro aspecto que los investigadores llaman el lado cognitivo se refiere a lo que pensamos respecto a nuestra felicidad personal, esto sería lo que nos lleva a la respuesta de esta pregunta:

¿Cuán satisfechos nos sentimos con nuestra vida?

Si pensamos que en la vida nos está yendo bien, pues somos felices, pero para maximizar esa felicidad, los estudios dicen que hay que mejorar el aspecto emocional, al mismo tiempo que el cognitivo, para sentirnos bien y satisfechos con la vida.

Laurie Santos imparte una clase en la Universidad de Yale llamada "Psicología y la buena vida." En esta clase se demostró que las personas tenían un gran interés por ser felices.

¿Por qué sucedía esto?

Ella afirma que la razón es porque los humanos siempre hemos querido ser más felices, pero el problema es no contar con algunos valores con los cuales asociar la felicidad. Este sentimiento tan noble antes se relacionaba a algunos aspectos culturales como lo espiritual, religioso, etc. que hoy día no son tan populares y por eso es que nos cuesta tanto ser felices ahora.

¿Cómo podemos alcanzar la felicidad?

Aunque todos hemos buscado siempre la felicidad, no lo hacemos de manera adecuada, tenemos ideas preconcebidas acerca de las cosas que podrían hacernos felices.

Por esa razón muchas veces nos equivocamos y es aquí donde la ciencia puede ayudarnos, ya que nos sugiere acciones muy sencillas que se pueden llevar a cabo para mejorar nuestro bienestar.

Estas sugerencias se obtienen mediante la observación de las personas que se sienten felices y son analizados por los estudiosos en la materia.

Capítulo 10
¿Es suerte o elección?

10
¿Es suerte o elección?

La mayoría de las personas que se consideran muy infelices son aquellos que experimentan una sensación de ineficacia porque se comparan con otros que los superan en algunas áreas de la vida.

Por ejemplo, si yo gano dos mil pesos, pero me comparo con alguien que gana veinte mil pesos me voy a sentir inferior, pero si por el contrario miro a las personas que ganan mucho menos que yo o que carecen de un empleo eso me hará sentir dichoso, agradecido y satisfecho.

En una investigación sobre este tema entre un grupo de cien personas, el 70% de los encuestados creen que su vida es peor que la de los demás, incluso personas que eran ricas.

El secreto está en enfocarnos en lo positivo que tenemos y no en lo que deseamos tener.

Tenemos que llevar el día a día como una carga, ya que, al compararnos con personas que está a un nivel más alto que nosotros nuestro cerebro lo hace de una forma automática, pero eso no nos ayuda emocionalmente.

Ahora bien: ¿Qué pasa cuando nos quejamos? Los estudios dicen que las quejas no ayudan a obtener la felicidad, por el contrario, nos enfocamos en las cosas negativas y eso no nos deja ver las cosas buenas.

Sería bueno hacernos el hábito de escribir todos los días tres cosas buenas que nos suceden.

¿Nos causa infelicidad la desigualdad económica?

Muchos creen que para poder ser felices dependemos de cuan grandes son nuestros ingresos y en qué tipo de casa vivimos, cual auto manejamos y como nos vestimos.

Analizar el concepto de la felicidad es sorprendente porque hay personas con problemas graves y otros muy pobres y aun así son felices.

El tener una mente positiva y una actitud buena en los conflictos que se nos presentan nos ayuda mejor a resolverlos y no quejándonos; es mejor trabajar en afrontar los obstáculos que no maldecir o lamentarnos y no hacer nada al respecto.

Entre las herramientas que ha sido utilizada en los últimos tiempos para que las personas alcancemos planos más satisfactorios en la vida es la meditación.

Para ello deseo mencionar una conferencista, experta en meditación llamada Lama Tsondru.

Finalizaré este capítulo con su filosofía sobre como beneficia e influencia la meditación al ser humano y la relación que la meditación tiene con respecto a la felicidad.

Lama Guelongma Tsondru es su nombre completo y ella es la fundadora del primer centro de budismo en España, fundado en 1977.

Tsondru dice que la meditación es algo esencial para el ser humano porque nos ayuda a soltar el estrés y nos enseña a encontrarnos a nosotros mismos.

En una de sus tantas conferencias Lama Tsondru enseña a su audiencia como reconectar con la naturaleza de la mente animándonos a realizar dos tipos de meditación, el estar en el momento presente siguiendo la respiración y también meditar en el amor.

Ambas meditaciones son comparables con las alas de un ave, en la primera, desarrollamos la sabiduría y en la segunda el amor y la compasión por los demás.

Cuando nosotros meditamos alcanzamos una mayor claridad y paz mental logrando la atemporalidad.

Pareciera como si el tiempo se hubiera detenido ya que estamos en el tiempo presente en el cual no hay cabida ni para preocupaciones del futuro ni para arrepentimientos del pasado.

Así como hay muchas actividades que los seres humanos realizamos y nos hacen felices, y éstas las llevamos a cabo cuando estamos despiertos, así también ocurre cuando meditamos.

Durante la meditación estamos despiertos dándonos cuenta de lo que sucede a nuestro alrededor.

La meditación y la felicidad están ligadas, ya que la práctica regular de la meditación puede ser un poderoso catalizador para cultivar un estado de bienestar y alegría duraderos.

A través de la meditación, podemos explorar y comprender más profundamente nuestra propia mente y emociones.

En los siguientes pasos, exploraremos cómo la meditación puede conducirnos hacia una mayor felicidad y plenitud en nuestras vidas diarias.

1. **Reducción del estrés:** La meditación es conocida por su capacidad para reducir los niveles de estrés. Al practicarla regularmente, podemos aprender a calmarnos y a manejar mejor las situaciones estresantes de la vida diaria.
2. **Mejora del enfoque y la concentración:** La meditación nos ayuda a entrenar la mente para mantenerse concentrada en el momento presente. Esto puede llevar a una mejora en el enfoque, la atención y la capacidad para realizar tareas con mayor eficacia.
3. **Bienestar emocional:** La meditación puede promover un mayor equilibrio emocional al ayudarnos a reconocer y gestionar nuestras emociones de manera más efectiva. Puede reducir la ansiedad, la depresión y otros trastornos del estado de ánimo.
4. **Mejorar el sueño:** Muchos experimentan una mejor calidad de sueño después de practicar meditación regularmente. Nos ayuda a calmar la mente y a relajar el cuerpo, lo que puede facilitar conciliar el sueño y tener un descanso más profundo.

5. **Fomento de la autoaceptación:** La meditación fomenta una mayor conexión con nosotros mismos, lo que puede llevar a una mayor autoaceptación. Nos ayuda a cultivar una actitud más compasiva hacia nosotros mismos.

Así como cantar, nadar, leer, tejer, bailar o practicar algún deporte nos puede dar una sensación de alegría por estar haciendo algo que nos gusta, de la misma manera la meditación impacta nuestro cerebro de una manera positiva y hace que nos sintamos felices.

Capítulo 11
Los secretos de la felicidad

11

Los secretos de la felicidad

Quiero iniciar este capítulo con una anécdota que el doctor Daniel López Rosetti compartió en una de sus conferencias; esas palabras encierran una gran verdad sobre nuestras decisiones y la salud de nuestro cuerpo.

El doctor López Rosetti, contó a su audiencia a modo de anécdota.

"Más de una vez me pasó que el atender a un paciente que sufrió un infarto agudo al miocardio, y evolucionó favorablemente, me contó sobre su vida, yo le pregunté: ¿Dónde estaba usted en esa agenda?"

El Dr. López Rosetti estaba refiriéndose a la importancia sobre el estilo de vida en la prevención y recuperación de enfermedades cardíacas.

Al preguntarle al paciente "¿Dónde estaba usted en esa agenda?", estaba invitándolo a examinar cómo sus hábitos y decisiones diarias podían haber contribuido a su condición de salud.

Cuando usó la palabra "agenda" se refirió a la rutina diaria, las elecciones de estilo de vida y las prioridades del paciente que pueden haber influido en su salud cardiovascular.

Con esa pregunta el doctor López Rosetti buscaba fomentar la conciencia sobre los factores de riesgo modificables, como la dieta, el ejercicio, el estrés y el manejo de emociones, y cómo estos pueden impactar en la salud del corazón.

En resumen, el Dr. López Rosetti estaba instando al paciente a reflexionar sobre las responsabilidades en su bienestar y a tomar medidas para mejorar su salud.

El doctor López Rosetti es especialista en medicina interna y en cardiología, jefe del Servicio de Medicina del Estrés del Hospital Municipal de San Isidro. También es profesor en la Universidad Favaloro, Maimónides y en la Universidad de Buenos Aires y presidente de la sección de estrés de la Federación Mundial de Salud Mental.

De estos relatos con pacientes como el que mencioné al principio, el doctor tiene cientos; sin embargo, le sirve utilizarlos para poner en perspectiva lo que realmente importa en la vida que es uno mismo.

"La vivencia del momento presente es, en síntesis, lo único que tenemos asegurado", dice el médico.

Respecto al tema, el galeno añade que durante cientos de años los profesionales del campo de la medicina, solamente se interesaban en dos cosas: en la salud y en la enfermedad.

"Ahora todo cambió, apareció un punto intermedio que es el bienestar y lo difícil de este nuevo estado es que no se logra con sustancias recetadas por un médico, sino que la propia persona tiene que adquirir las herramientas que lo ayuden a alcanzarlo", reveló el doctor López Rosetti.

El doctor dice que al ser nosotros seres racionales, estamos llenos de emociones que nos ayudan a pensar o nos enferman.

El doctor explica que tenemos un cerebro límbico de aproximadamente cuatro millones de años y un cerebro racional que tiene ciento veinte mil años.

Enfatiza en las emociones y como han evolucionado en los cuatro millones de años y eso es algo que es un proceso básico heredado genéticamente y no es aprendido.

Estas emociones de las que habla son seis:
1.- miedo
2.- ira
3.- alegría
4.- tristeza
5.- asco
6.- sorpresa

El doctor López Rosetti también nos habla sobre el estrés y nos dice que es igual al sufrimiento porque ambas comparten tres etapas.

    a) Alarma
    b) Resistencia
    c) Agotamiento

Según dice el doctor López, el estrés se puede volver crónico y persistir con el tiempo y se define como una relación entre cargas y resistencias.

Cuando las cargas superan nuestra resistencia, aparecen síntomas que el cuerpo envía como banderillas rojas.

Los problemas en el trabajo, en la familia, los problemas existenciales, las dudas, son las cosas que están fuera de nuestro control pero que van superando nuestras resistencias y entonces la balanza se inclina hacia el lado del estrés apareciendo en este momento los signos y los síntomas

Entre los síntomas más comunes están el dolor de cabeza, la fiebre, el dolor de estómago, la falta de aire, el nerviosismo, el insomnio entre otros.

Se dice fácil pero no lo es; pero es muy importante para nosotros controlar las emociones para evitar caer en situaciones estresantes; un método sumamente efectivo es utilizar la meditación de la que hablábamos en el capítulo anterior.

Aunque pareciera que hablar sobre la felicidad es un tema de los tiempos modernos ya los grandes pensadores como Aristóteles y Confucio hablaban de la misma pero hoy día, la ciencia se ha interesado más en ese noble sentimiento del cual muy pocos disfrutamos plenamente.

Casi nadie entiende como alcanzar la felicidad, todo el mundo dice: si tengo éxito, si tengo riqueza, fama o una pareja o una profesión, quizás logre ser feliz.

Pero déjeme decirle que no funciona así, por eso es por lo que vemos personas con mucho éxito, con mucho dinero, con su pareja, pero no son felices, porque ellos creen que conseguir un objetivo conduce a la felicidad.

Alcanzar un objetivo no nos hace felices, si bien es cierto que representa una subida en nuestros niveles de bienestar, no es de larga duración.

El alcanzar una meta es comparable con las personas que ganan la lotería y tres o seis meses más tarde regresan al punto en el que estaban antes de haberla ganado.

La ciencia nos dice que las relaciones interpersonales son demasiado importantes para vivir una vida feliz.

Martin Seligman, el padre de la psicología positiva, y sus colegas, han hablado en ciertas ocasiones acerca de la gente más feliz del mundo.

Según Seligman se ha descubierto que las personas que son más felices tienen relaciones muy sólidas, no solo con sus parejas, sino también en relaciones de amistad.

En el mundo de hoy, las relaciones reales han pasado a un segundo plano porque se han cambiado por las relaciones virtuales, y por desgracia, las redes sociales restan felicidad en las personas.

También habla Seligman de la importancia del agradecimiento; él dice que las personas agradecidas ignoran sus problemas y agradecen por lo bueno que tienen en sus vidas.

Estas personas agradecidas son más optimistas y consiguen sus objetivos, además de fortalecer su sistema inmunológico y son más saludables.

Cuando valoramos lo que poseemos estamos expresando gratitud y aumentamos el valor de nuestras fortalezas al igual que si estuviéramos invirtiendo dinero en el banco y obteniendo interés por la inversión.

Esto quiere decir que al valorar algo, en realidad lo estamos multiplicando porque ambos conceptos están interconectados; al apreciar las cosas buenas de nuestra vida, éstas tienden a incrementarse y atraer más aspectos positivos.

Esto significa que, al evaluar algo, en realidad lo estamos multiplicando debido a que ambos conceptos están interconectados y al apreciar las cosas buenas de nuestra vida, estas mismas cosas tienden a incrementarse y atraer más aspectos positivos.

Para ser felices hay que comprender las emociones dolorosas y las satisfactorias, lo cual nos muestra que no somos masoquistas cuando sufrimos.

Aunque podemos ser felices, no podemos rechazar estas emociones. Si las rechazamos, se fortalecen y se vuelven más probable que se muestren y nos abramos a ellas.

¿Cómo afecta el perfeccionismo físico y el perfeccionismo digital?

En la actualidad, creemos que todo es maravilloso, que todos están felices, excepto yo, y eso nos genera infelicidad, hay en el mundo niveles sin precedentes de infelicidad, etc.

¿Acaso los jóvenes se encuentran actualmente en una burbuja digital de la felicidad?

¿Cómo la tecnología nos ayuda a ser felices o infelices?

En efecto, la tecnología se asemeja a la electricidad, ya que si la empleas para iluminar o llevar a cabo el funcionamiento de una máquina de soporte vital, esto nos proporcionará bienestar.

Sin embargo, si la empleamos con el propósito de electrocutar a un individuo inocente, esto puede resultar en algo fatal y destructivo.

Dado que la tecnología es un poder, una fuerza que puede usarse para el bien o el mal, depende de nosotros mismos como usarla.

Uno de los peores males que causa a la humanidad la tecnología es la soledad pues es el indicador número uno de la depresión y cuando abusamos de la tecnología y dejamos de lado las actividades sociales, nos encerramos en un mundo frío y muy oscuro.

¿Cuál es la principal causa de infelicidad que has experimentado en la sociedad?

En efecto, existen diversas razones para la infelicidad, entre las cuales se encuentran las falsas expectativas que sugieren la felicidad o la percepción de lo que es la felicidad.

La gente piensa que las metas y los logros los harán felices y en cuanto a la percepción de una vida feliz, esperan que haya una falta de emociones dolorosas, y estas dos características son obstáculos para la felicidad, las cuales además de la tecnología impiden que la gente se encuentre conectada de manera efectiva.

Las investigaciones llevadas a cabo por Daniel Kahneman, galardonado con el premio Nobel de economía, se enfocan extensamente sobre el bienestar.

Su objetivo es comprender el ambiente emocional de la vida de las mujeres profesionales que trabajan.

Aunque, su estudio enfoca en comprender el estado emocional de las mujeres también ha realizado investigaciones en los hombres.

En el mundo contemporáneo, la cantidad de actividades de las personas afectan la calidad de vida.

Esta situación se manifiesta en la falta de conocimiento acerca de lo que hacemos, y no logramos disfrutar de las actividades que contribuyen a nuestra felicidad, ya que no estamos presentes.

¿Se puede aprender a vivir mejor?

Dado que podemos modificar nuestros niveles de felicidad, aunque no es sencillo, hay una parte genética que influye; sin embargo, mucho depende de las decisiones que tomamos, y no solo de las decisiones más grandes como el matrimonio o qué carrera estudiar, sino que depende más bien de las decisiones pequeñas.

Por ejemplo, decidir ser agradecidos por la vida y por tener lo que poseemos, salir a correr o dar un paseo en lugar de estar en las redes sociales, dejar el celular fuera de nuestro alcance cuando estamos con la familia, los amigos, etc. es lo que verdaderamente construye el camino para lograr la felicidad.

Para hacer cambios mayores en la vida, la filosofía se equivocaba y la religión tenía razón. Hace

2500 años, Sócrates, padre de la filosofía occidental, decía que conocer el bien es hacer el bien, es decir, que cuando uno sabe que algo es correcto, bueno, ético, justo, etc. siempre lo hará.

Sin embargo, no creo que eso es así porque si fuera cierto y el conocimiento del bien nos conduce a lograr siempre el bien, entonces todos consumiríamos alimentos saludables y estaríamos siempre tranquilos y disfrutaríamos de la naturaleza y de todo lo bueno que nos rodea.

No obstante, no siempre lo hacemos, la religión afirma que para llevar a cabo transformaciones no es necesario contar con conocimientos específicos, sino que es necesario hacerlo de manera constante y repetitiva.

Por eso se repite la misma palabra siempre, ya que repetir o hacer rituales es muy importante. Existen estudios que evidencian que, al repetir algo, nuestras conexiones neuronales cambian.

Capítulo 12
Lecciones de felicidad

12
Lecciones de felicidad

En la encrucijada entre tradición y modernidad, nuestra sociedad enfrenta la tarea de moldear las mentes jóvenes con destrezas tanto académicas como emocionales.

En un mundo cada vez más orientado hacia la búsqueda de la felicidad, surge la interrogante sobre cómo influir en el desarrollo cognitivo y emocional de las generaciones futuras.

¿Es más relevante inculcar rituales y prácticas para la felicidad o enfocarse en las lecciones académicas tradicionales?

En las escuelas, esta polémica conversación entre educadores cobra vida, ya que se debaten y diseñan estrategias para equipar a los jóvenes con las herramientas necesarias no solo para triunfar en el ámbito académico, sino también para encontrar la felicidad y el bienestar en sus vidas.

Un líder de la asociación de académicos de la psicología positiva, conversaba con numerosos padres y profesores y les planteaba estas dos preguntas:

1. ¿Qué esperan ustedes de sus hijos durante su existencia?

La mayoría respondieron que su deseo era que sus hijos fueran felices y capaces de superar dificultades.

2. ¿Qué conocimientos adquieren sus hijos en el colegio?

Casi todos los padres de familia responden que sobre matemáticas, ciencia, historia y escritura.

¿Por qué los colegios ignoran prácticamente por completo la primera pregunta?

Es asombroso que, hace solo cincuenta o cien años, los maestros consideraban la felicidad de los estudiantes algo irrelevante pero ahora le están dando más importancia y los resultados son extraordinarios.

Asimismo, se están incrementando programas para resolver conflictos y violencia en los centros educativos, y las calificaciones están mejorando entre los jóvenes.

¿Un profesor que desea ayudar a un estudiante a tener una vida con sentido y más feliz, debe reconsiderar el plan de estudios?

La búsqueda de la felicidad siempre ha sido crucial, ya que las relaciones personales siempre han sido esenciales.

Si incrementamos la felicidad en la juventud, los muchachos se tornarán más creativos e ideas innovadoras aflorarán de sus mentes.

Los líderes políticos y los educadores deben reunirse y reconsiderar la educación moderna, incorporando la felicidad y la resiliencia en el currículo.

Aun en una clase tradicional, un profesor puede cambiar muchas cosas y lo primero que debe hacer es predicar con el ejemplo.

Mahatma Gandhi, dijo:

"Sé el cambio en el mundo que quieras ver."

Si un profesor hace algo importante para su propio bienestar, es probable que sus alumnos lo imiten y también busquen algo edificante para sus vidas.

Por lo tanto, nosotros debemos ser el cambio que deseamos apreciar en los que nos rodean.

En el contexto de la educación contemporánea, resulta imperativo que los docentes no solo transmitan conocimientos, sino también actúen como modelos a seguir y facilitadores del aprendizaje activo.

Deberían impulsar a sus estudiantes a cuestionar, explorar y comprometerse con el proceso de aprendizaje de manera significativa.

La educación no se limita a obtener datos, sino también a desarrollar habilidades para la vida y cultivar una comprensión profunda del mundo que nos rodea.

Los maestros que desempeñan la función de fomentar el pensamiento crítico, la empatía y la resiliencia en sus estudiantes, los están capacitando para enfrentar los obstáculos futuros con confianza y determinación.

En resumen, la educación debe evolucionar para adaptarse a las necesidades de la sociedad y brindar a las generaciones futuras las herramientas necesarias para prosperar en un mundo cambiante.

Es importante que los estudiantes valoren tanto su conocimiento académico como su bienestar emocional y social.

A continuación, les proporcionaré algunos ejemplos. sobre la felicidad y cómo mantenernos en ese estado.

1. Cuando éramos niños y experimentamos algunas vivencias de alegría y asombro, que nos provoca sensaciones de alegría y asombro. No obstante, cuando crecemos, disminuye esa sensación de éxtasis y felicidad, lo que indica que fue algo tan solo temporal.
2. También durante nuestra infancia, participamos en cualquier competencia, ya sea un juego, una carrera o un examen y si logramos un triunfo nos produce una gran felicidad o algunas veces simplemente el hecho de haber participado nos hace experimentar una sensación de bienestar, incluso si no obtuvimos el premio.

En ambas situaciones, experimentamos una sensación de placer, felicidad y poder que persiste por algún tiempo. Cuando ocurrió el suceso que nos hizo sentirnos tan bien, teníamos todos los sentidos y nuestro enfoque en el momento actual.

Desde hace décadas, hemos enfocado la enseñanza a nuestros pequeños en el éxito material, tal como la obtención de recursos financieros, el empleo remunerado y el desarrollo laboral.

Desde una edad, temprana, la importancia de la felicidad y el disfrute del presente debería ser implementada en el ser humano.

¿Es acaso posible transmitir la felicidad?

Afortunadamente, la respuesta es sí.

Hay algunos pasos simples que pueden ser de gran ayuda. Hoy, es el momento de alcanzar la felicidad y transmitirla a las generaciones futuras.

Podemos lograr la felicidad, la recuperación y el vivir en un entorno de felicidad si nos lo proponemos.

A pesar de enfrentar dificultades y obstáculos juntos podemos encontrar soluciones para lograr alcanzar la felicidad.

Un análisis llevado a cabo mediante el código Magenta ha proporcionado una fascinante visión sobre la naturaleza de la creatividad, revelando conexiones intrigantes entre la actividad cerebral y la expresión artística.

Sin embargo, este estudio también subraya la complejidad del ser humano y su bienestar emocional.

Se ha demostrado que, entre las sesenta y cinco hormonas cruciales en el cuerpo humano, cuatro de ellas desempeñan un papel fundamental en nuestra felicidad y bienestar.

Las endorfinas, la dopamina, la serotonina y la oxitocina no solo afectan nuestro estado de ánimo, sino que también influyen en nuestra capacidad para llevar a cabo tareas, interactuar con los demás y contribuir al mundo que nos rodea.

Este descubrimiento destaca la interconexión entre nuestra biología y nuestra experiencia emocional, sugiriendo nuevas vías para fomentar un mayor bienestar personal y colectivo.

Al llegar al final de este viaje hacia la felicidad interior, no puedo evitar sentir una profunda gratitud por haber compartido este camino con ustedes, mis estimados lectores.

En un mundo cada vez más dominado por la tecnología y las distracciones, es fácil perder de vista lo que realmente importa: nuestra conexión con nosotros mismos y con los demás.

Pero a través de las páginas de este libro, hemos explorado juntos las estrategias y herramientas necesarias para encontrar la felicidad genuina en un mundo moderno.

Hemos reflexionado sobre cómo la tecnología puede ser tanto una bendición como algo muy nefasto, y sobre todo cómo podemos utilizarla de manera consciente para fortalecer nuestras relaciones y potenciar nuestra creatividad.

Mi mayor deseo es que este libro haya despertado en ustedes el deseo y la determinación de cultivar la felicidad desde adentro hacia afuera, y de convertirse en faros de luz que inspiren a otros a hacer lo mismo.

¡Que la felicidad los acompañe en cada paso del camino!

Epílogo

"Creer para Crear", es un libro de auto confianza cuyo autor, David Cantera nos guía a través de un viaje profundo hacia la comprensión de los factores que intervienen en nuestros estados de ánimo y cómo lograr la felicidad desde adentro hacia afuera.

Cantera nos presenta un enfoque holístico, que abarca desde la ciencia hasta la espiritualidad, para explorar como nuestros pensamientos y emociones, interactúan para influir en nuestra percepción del mundo y nuestro bienestar.

Desde las teorías de autoridades en el campo de la psicología como Martin Seligman y su enfoque en la psicología positiva, hasta las investigaciones sobre el orden de nuestros pensamientos y emociones, Cantera nos muestra cómo diferentes disciplinas convergen para iluminar el camino hacia la felicidad.

Explora cómo las endorfinas, la dopamina, la serotonina y la oxitocina no solo influyen en nuestras emociones, sino que también están intrínsecamente ligadas a nuestra percepción del mundo y nuestras interacciones sociales.

Uno de los puntos más poderosos que Cantera plantea es la importancia de cultivar la felicidad desde adentro para poder proyectarla hacia afuera.

Nos invita a reflexionar sobre cómo nuestras propias acciones y actitudes pueden inspirar y elevar a los demás, creando así un ciclo virtuoso de felicidad compartida.

A través de ejemplos concretos y consejos prácticos, nos muestra cómo podemos ser agentes de cambio en nuestro propio bienestar y en el de los que nos rodean.

En un mundo cada vez más enfocado en el éxito material y la búsqueda de la felicidad externa, Cantera nos insta a repensar el papel de la educación en la formación de individuos felices y plenos.

Propone que la educación moderna debe ir más allá de la mera transmisión de conocimientos académicos y centrarse en el desarrollo integral de los estudiantes, promoviendo habilidades emocionales y sociales que les permitan navegar por la vida con resiliencia y satisfacción.

Cantera nos desafía a cuestionar las estructuras tradicionales de la educación y a buscar nuevas formas de enseñanza que fomenten la autoestima, la empatía y la conexión humana.

Sugiere que los programas escolares deberían incorporar prácticas como la meditación, la educación emocional y el servicio comunitario para cultivar una cultura de bienestar y compasión desde una edad temprana.

En última instancia, "Creer para Crear" nos recuerda que la felicidad no es un destino final, sino un viaje continuo de autodescubrimiento y crecimiento personal.

Nos anima a creer en nuestro propio poder para crear una vida llena de significado y alegría, y a inspirar a otros a hacer lo mismo.

En un mundo que a menudo parece estar lleno de desafíos y adversidades, Cantera nos ofrece un faro de esperanza y una guía práctica para encontrar la felicidad verdadera y duradera.

"Tu visión se aclarará solamente cuando puedas mirar dentro de tu corazón. Quien mira afuera, sueña; quien mira adentro, despierta."

Carl Gustav Jung

Publicado por
Editorial Mundo Latinos
Los Ángeles, CA
escritoreslatinoamericanos@gmail.com
USA

FIN

Made in the USA
Middletown, DE
08 May 2024

54024262R00078